L 27 Ln 18660.

ORAISON
FUNEBRE

DE TRÈS-HABILE,
TRÈS-ÉLÉGANT,
TRES-MERVEILLEUX

CHRISTOPHE SCHELING,

MAITRE TAILLEUR

DE PARIS,

Prononcée le 18 Février 1761,

DANS LA SALLE

DU

CÉLÉBRE ALÉXANDRE,

LIMONADIER AU BOULEVART.

A PARIS.

1761.

Fama multis memoratus in oris.

Son nom le rendit fameux dans plusieurs contrées. VIRGIL. au *Liv.* 7. de l'*Enéide.*

C'EST ainsi, Messieurs, que le Prince des Poëtes, si riche en expressions, caractérise une certaine Ville d'I-talie, fameuse par ses événemens ; & c'est ainsi que nous croyons pouvoir vous désigner le Héros du bon goût, le protocole des graces, le créateur des modes, l'ornement du siécle, en un mot la perle des Tailleurs. SCHELING l'incom-parable, dont la mémoire se perpétuera d'âge en âge, & ranimera l'esprit de parure jusques dans les tems les plus reculés. *Fama multis memoratus in oris.*

Il est donc mort ce personnage célébre, que toutes les Nations venoient consulter, & qui toujours égal à lui-même, & supérieur à tous les hommes recommandables par leurs talens, sçut tenir une aiguille aussi adroitement que Minerve, & déterminer les couleurs avec autant de discernement & d'intelligence que Flore choisit les plus belles anémones au milieu de ses jardins.

Tout se mine, tout s'écroule, tout périt : la mort, l'impitoyable mort se plait à réduire en poudre le Tailleur ainsi que le Berger : on diroit que jalouse de la gloire des hommes & de leur bonheur, elle se hâte de moissonner ceux qui décorent l'humanité & qui la rendent éclatante.

Si quelqu'un eût dû voir sa carriere aussi longue que celle des Patriarches, c'étoit sans doute le sçavant que nous pleurons. Bien différent de ces Géometres qui ne peuvent qu'ennuyer, de ces Métaphysiciens qui ne parlent que d'êtres imaginaires, de ces Philosophes qui voudroient anéantir ce monde pour en former un autre plus conforme à leur goût, il imagina des manieres de se vêtir, que ni les Grecs, ni les Romains, ni les François mêmes les plus clairvoyans n'avoient pu trouver. *Fama multis memoratus in oris.*

Mais où m'entraîne la grandeur

de mon sujet ? au lieu de donner un certain ordre à ce discours, je m'abandonne à toutes les réflexions que me fournit la douleur : tel est l'éloge des grands hommes, tels font les regrets que leur perte excite, on ne peut s'arrêter lors même qu'on voudroit ; cependant tâchons d'interrompre le cours des pensées qui naissent en foule, & pour suivre l'usage divisons cette Oraison au gré de nos Auditeurs. Vous verrez donc, Messieurs, dans ma premiere partie tout ce que l'illustre SCHELING a fait à l'honneur du bon goût, & dans la seconde tout ce que lui doivent les Nations. *Fama multis memoratus in oris.* Tel est l'exercice de vos patiences & le partage de ce discours.

PREMIERE PARTIE.

L'Antiquité peut vanter tant qu'il lui plaira, ces fameux conquérans qui porterent la gloire de leurs armes jusqu'aux extrémités du monde, elle peut nous faire lire dans ses fastes les noms de tant de Philosophes, dont on conserve encore les ouvrages avec une espece de vénération ; notre siécle bien plus éclairé que celui d'Aléxandre & que celui d'Auguste, oublie tous ces gothiques personnages pour admirer un simple Tailleur qui sçait donner des graces à l'étamine même, & galonner un habit avec délicatesse & goût. On doit, sans doute, préférer une aiguille qui sert à couvrir & à décorer l'humanité, à toutes les épées qu'on n'emploie que pour la détruire.

Tels font les progrès du génie: aujourd'hui bien plus fublime que celui de nos peres, il a acquis ce degré de perfection qui confifte à laiffer le mérite dans l'obfcurité, & à abandonner à l'ignorance & à l'orgueil les affaires les plus importantes, pour étudier le grand art de connoître une étoffe, & de bien juger d'un habit. Les hommes du tems paffé, dit le tout aimable Rofiris dans fon ouvrage fur le bon ton, chap. 2, v. 9, ne s'occupoient qu'à vaincre & à gouverner : mais notre génération plus fubtile, & plus intelligente ne penfe avec raifon qu'à s'habiller, fe frifer & fe parfumer.

homines temporis elapfi nihil aliud fciebant quam vincere & regere, fed noftra generatio fubtilior & fagacior, nihil cogitat, & quidem merito, nifi de veftimentis, capillis & odoribus.

Jugeons d'après ce paſſage, des louanges que mérite l'immortel SCHELING. Incomparable dans la maniere d'aſſortir la couleur d'un viſage avec celle d'une étoffe ; de faire dépenſer avec profuſion, mais avec goût ; d'allonger ou d'accourcir des tailles ſelon les perſonnes & les circonſtances ; d'élargir des boutonnieres ou de les rétrecir ; de les diminuer, ou de les multiplier ; de ſupprimer des paniers & d'augmenter des plis : il connut les proportions & l'optique bien mieux que tous nos

Géometres & nos Physiciens : les corps fous le moindre vêtement de fa façon devenoient élégans, & les boffus même qu'il avoit habillé, ofoient fe promener impunément au Palais Royal, & s'y carrer.

Le Chevalier d'Amincour qui mourut il y a neuf ans, & que tout Paris pleure encore, comme le modèle des gentilleffes & des graces, fe félicitoit chaque jour d'avoir connu le fameux Tailleur que nous regrettons ; il le comparoit à ces rayons qui colorent nos parterres ; le bon goût, quoiqu'infiniment perfectionné au commencement du fiécle, fembloit attendre le régne de notre héros pour acquérir cette délicateffe & ce rafinement que nous admirons aujourd'hui. Ce furent ses veilles, ses travaux & son attention à former des éleves qui ont rendu les modes auffi élégantes qu'elles puiffent être ; de forte que je défie la poftérité de pouvoir jamais produire un pareil artifte fi admirable, fi néceffaire ; mais que fais-je ? J'excite vos pleurs au lieu de les effuyer ; ne fuis-je donc pas un indifcret ? Non fans doute : les larmes qui coulerent à la mort de *Turenne*, de *Bourdaloue*, de *Colbert*, de *Richelieu*, quelques légitimes qu'elles aient été, ne fürent point auffi juftement répandues : il s'agit de la perte d'un perfonnage, qui élégant fans affectation, généreux fans prodigalité, magnifique fans orgueil, rendit l'or & l'argent dociles felon fon goût & selon les fêtes où il les employa.

Vous serez sans doute surpris, Messieurs, que je sois aussi avancé dans cet éloge, & que je n'aie pas encore dit un mot ni de la naissance ni de l'éducation de notre héros : comme il n'emprunta rien des autres, j'oublie volontiers ses parens & ses maîtres, pour n'envisager que ses talens personnels, il n'y a que trop d'hommes qui n'ont de mérite que celui de leurs ancêtres ; ici tout est à la gloire seule de SCHELING : il fit tout par lui-même, & nous lui devons tout.

Je me contenterai seulement de vous dire que né dans une ville d'Allemagne, où l'on ignore encore les manches à botte & les habits sans panier, il sentit dès

l'âge de fept ans un génie qui le
tranfporteroit ailleurs & qui lui
mériteroit l'honneur de paroître
avec diftinction fur le plus grand
théatre de l'Univers. Ses parens,
qui furent toujours honnêtes,
mais toujours fans élévation &
fans goût, ont beau fe défefpé-
rer, le jeune Scheling part dans
fon troifieme luftre, béniffant le
Ciel qui l'infpire & jettant un
regard de commifération fur fa
patrie, qu'il juge incapable de
culture & d'agrément. Les fati-
gues d'un long voyage ne le re-
butent point, & plein du grand
œuvre qu'il médite, il arrive à
Paris, & fix mois après il s'y
fait connoître, & promet des
prodiges.

La fortune qui le protége lui

aſſocie une digne épouſe , dont l'élégance & la délicateſſe ont ſur-paſſé toute expreſſion : Bientôt de concert, l'un & l'autre , ils imagi-nent, ils perfectionnent & ſe ren-dent également mémorables dans l'art de couper & de coudre. Ah ! que ne puis-je ici vous repréſen-ter Scheling au milieu d'un ma-gaſin, fixant les étoffes ſelon les ſaiſons & les années , leur aſſi-gnant le prix , & le jour où ſe montrer ; les négocians attentifs recevoient ſes déciſions comme celles du maître qui ſeul avoit droit de prononcer.

Ce fut en 1746 , tems où le goût ſembloit épuiſé & où les pe-tits maîtres , malgré la fécondité de leurs expreſſions , n'avoient plus de termes pour déſigner une couleur ; ce fut , dis-je , en cette année , que notre Tailleur unique , plein de ce discernement qui ne l'abandonna jamais , nomma *More doré* , un certain rembruni que tous les peintres mêmes ne pouvoient déterminer. Heureuse époque plus glorieuse que des monumens & des exploits ! Aussi quel honneur ne s'aquit-il pas en cette occasion ! Son éloge retentit jusqu'à la Cour , & chacun curieux de connoître un aussi grand homme , oublia ses livres & ses affaires pour l'aller voir. Bientôt sa maison, j'ai presque dit son hôtel , fut plus fréquentée que celles des Ministres , & l'on se crut dans la nudité la plus affreuse , si l'on n'étoit pas habillé par le divin Scheling.

Ici j'entends foupirer ces perfonnes atrabilaires ; qui mécon-
tentes du fiécle, ainfi que d'elles-
mêmes, voudroient ramener l'u-
fage des cafaques & des manteaux.
O hommes de peu de goût ! puis-
je vous dire avec nos vénérables
Marchandes du Palais, que n'en-
doffez-vous une peau d'Ours,
puifque vous en avez l'humeur,
& que ne fuyez-vous dans les
forêts ? Et quoi ! vous êtes affez
barbares pour ne pas velouter vos
mœurs à l'afpect de ces magnifiques velours dont nous décorons
aujourd'hui nos perfonnes, &
que l'immortel SCHELING rendit
fi fplendides & fi charmans. Souf-
frez, Meffieurs, que j'accufe ici
ma lenteur & que je me plaigne
de mon imagination, qui n'eft

point auffi rapide que notre charmant Tailleur le fut dans fes opé-
rations. Quelle viteffe d'action &
de génie, dans la facture de tant
d'habits de noces & de deuil,
qu'il falloit fouvent finir du foir au
lendemain, & jamais une pareille
célérité ne déplaça un bouton, ni
un point; tout fut toujours en fon
lieu, parce que tout fut toujours
compaffé & prévu par un homme
auffi vigilant qu'habile : Ses re-
gards perçans dirigoient ceux de
fes ouvriers, & fes cifeaux en di-
vifant les étoffes, en écartoient
toute la rudeffe & tous les dé-
fauts.

Parlez ici, vous qui eûtes le
bonheur de travailler fous fes
ordres, & racontez-nous comme 'l dirigeoit vos mains, &

comme il vous communiquoit cette justesse d'œil & d'esprit, ainsi que ce bon goût qui caractérisa toujours ses ouvrages; que ne puis-je vous suivre dans ces différens quartiers, où dispersés comme autant de prédicateurs de l'élégance, vous avez transporté l'esprit de SCHELING, que nous vous prions de perpétuer. Vos progrès ont causé une telle révolution dans les modes, que tous les anciens tailleurs en furent allarmés, & que chacun d'eux n'osoit plus prendre la mesure d'un habit, & le couper qu'en tremblant. On crut qu'ils alloient être ensévelis pour toujours avec leur nom & leur destinée, & ils le seroient infailliblement, si la routine ne guidoit pas encore un tiers de l'Univers.

Mais un tems viendra, & ces jours ne sont pas éloignés, où l'élégance de Scheling triomphera de toute résistance, & se fera révérer comme le chef d'œuvre de l'esprit humain. Déja l'on est plus glorieux d'avoir un habit travaillé sur son modèle, que d'avoir imaginé des ressources utiles à la Patrie, ou d'avoir joui de l'entretien d'un Philosophe éclairé.

Senéque reprochoit aux hommes de son tems l'affectation dans la parure, parce que Senéque ne voyoit autour de lui que des Tailleurs sans goût, qui rendoient plutôt les habits ridicules qu'élégans. Si Scheling eût été moins éloigné, & que notre Philosophe eût pu entrevoir ces agrémens & ces gentillesses qu'on donne maintenant au moindre de nos Surtouts, il eût tenu tout un autre langage, & malgré son humeur cynique, il seroit devenu lui-même le panégyriste de nos modes & de nos ajustemens, & la chose n'eût pas été surprenante, si nous observons que SCHELING se fit un système de parure, comme nos Financiers s'en font un d'œconomie. D'abord il détermina ces charmans déshabillés que le peuple appelle *Chenilles*, & après avoir fixé la maniere de se mettre le matin & le soir, il décida d'un coup d'œil, ces gracieuses robes de chambre qui annoncent la personne de qualité, & qui nous confondent avec les femmes du bon ton.

Que ne dirois-je point ici de

ces habits de chasse & de voyage, dont l'élégance fait rougir ces siécles bourgeois, où l'on ne connoissoit que de la science & de la vertu. Mais parlons des diverses étoffes qu'il immortalisa : quels noms, quelles couleurs, quelle tissure, quelle beauté : velours moiré, velours cannelé, velours cizelé, velours chiné, velours satiné, velours ras, velours plein, velours à bordures, velours à queues de paon, taffetas ondoyant, taffetas pommelé, lustrine mouchetée, lustrine serpentée, dorure à glacis, dorure à flocons, galons à tresse, galons à clinquant, galons sur ruban, broderie rélévée, broderie renversée, demi-Versailles, demi-Fontainebleau, tout fut mis en œuvre & à pro-

pos par notre incomparable do-
cteur, qui plus habile à connoître
des étoffes que nos Politiques à
juger d'un projet, ne fit pas un
point sans en pouvoir rendre raison.

Est-ce-là, Messieurs, comme
nous agissons, nous qui ne savons
souvent ni pourquoi nous com-
posons, ni pourquoi nous pen-
sons, ni pourquoi nous aimons,
ni pourquoi nous sommes mala-
des. Combien de femmes excedées
par des vapeurs, qui ne pourroient
nous dire le motif qui les engage
à jouer un pareil rôle ? Combien
d'auteurs qui écrivent, & qui ne
pourroient nous definir la rage
qui les pousse à copier tout ce que
les autres nous ont appris. Heu-
reux l'homme qui n'agit jamais par

routine & qui comme Scheling, autant Original, qu'universel dans ses Idées, connoit le mobile raisonnable de ses operations. Plût au Ciel qu'on suivît ce plan, on ne rencontreroit pas des Tailleurs insipides qui prennent la premiere étoffe qui leur tombe sous la main, & qui font un habit aussi mécaniquement qu'un Poëte Italien compose des sonnets.

Pardonnez, Messieurs, au zéle qui me transporte, & daignez excuser la confusion de ce discours, par la multiplicité des choses qui se présentent à mon esprit. Qu'il me soit donc permis de revenir sur mes pas, & de retracer à vos yeux notre héros, lorsque la lorgnette en main, crainte de se tromper sur un échantillon, il anatomisoit les couleurs, comme Fontenelle analyſoit les Eſprits.; il appercevoit alors dans la plus petite parcelle de velours ou de ſatin des nuances que tout l'œil des *Pluches* & des *Reaumur* ne decouvrit jamais dans les Tulipes & les Inſectes : on eût dit qu'il s'agiſſoit bien plus que des intérêts d'un Etat, & l'on ne ſe feroit pas trompé.

Hommes amateurs de la moleſſe, qui ne travaillez que pour acheter le lâche privilége de vivre dans l'oiſiveté, peut-être, hélas ! blamez-vous l'activité de S C H E L I N G ; cependant quels éloges ne devons-nous pas à ſon goût pour le travail ! Sans doute riche comme il étoit, il eût pu ſe faire des ancêtres, changer ſon nom de S C H E-

LING, en *Schelange*, * prendre un serpent pour armes parlantes & se reposer nonchalemment sur des satins & des velours qu'il auroit rogné : mais toujours ennemi du faste & de la paresse, il marche à pieds, quoiqu'il ait une voiture vernissée par *Martin* ; il mange sur la faïance, quoiqu'il ait une vaisselle travaillée par *Germain* ; & suivant le rit de sa Patrie, il ne dort que dans un lit de quatre pieds, tandis qu'il est à la source de toutes les aisances de la vie. Je le vois toujours actif, toujours laborieux parcourir tous les magasins, chercher des ouvriers & les façonner ; imaginer de nouvelles formes d'habits & rendre son art plus cé-

* *Nota. Schelange*, mot Allemand, qui veut dire serpent.

lébre, & plus intéreffant que toute la fcience politique, & militaire. Il n'y eut pas jufqu'aux parfums qu'il n'employât à propos, pour rendre fes ouvrages plus élegans & plus précieux ; il trouva le moyen de les ambrer, & de les garnir de ces excellens Sachets dont le monde gothique fe plaint & que le beau monde refpire avec un plaifir indicible.

Perfonne n'ignore que l'ambre, quoique fort recommandable chez les anciens, fembloit anéanti depuis des fiecles, qu'on ne connoiffoit plus que de nom ce divin parfum, & qu'encore il falloit le chercher dans de vieilles hiftoires : que fait l'illuftre SCHELING ? fans autre confeil que fon propre nez formé pour flairer les grandes

chofes , il reffufcite l'ambre , &
il juge qu'un habit impregné d'une
auffi douce fragrance , doit déli-
cieufement affecter les narines du
bel air & renvoyer jufqu'au fond
de l'ame ces titillations d'agrément & de plaifir, dont parle Pline
le naturalifte dans fon ouvrage
fur le fentiment.

O vous qui redoutez les parfums , & qui n'avez de goût que
pour les mauvaifes odeurs, ayez
honte de vous mêmes , & aprenez
du grand homme que nous pleurons qu'on s'exile de la Patrie des
graces , fi-tôt qu'on ne porte pas
d'habits mufqués. Tout nous prê-
che & nous infpire les plaifirs de
l'odorat : les fleurs , les fruits , &
jufques à l'encens qu'on brûle à
la gloire des immortels, de forte

que toute personne qui prend la resolution de ne rien flairer, a un nez inutile, & peut passer pour un hors d'œuvre dans la nature. Mais reprenons l'histoire de notre héros, & après vous avoir montré tout ce qu'il fit à l'honneur du bon goût, examinons tout ce que luï doivent les nations. *Fama multis memoratus in oris.* C'est le sujet de ma seconde partie.

SECONDE PARTIE.

IL en est des peuples ainsi que des arbres, dit Ciceron, *gentes sicut arbores.* On n'apperçoit d'abord qu'une tige informe prête à succomber à tout vent, mais la main d'un jardinier habile survient-elle à propos, l'arbrisseau se fortifie; il pousse des feuilles & des fleurs,

& produit des fruits qui charment la vue; faisons maintenant l'application, & nous reconnoîtrons sans peine que SCHELING donna tout le luſtre poſſible aux diverſes nations qui eurent le bonheur de s'habiller de ſa main. *Gentes ſicut arbores.*

Je ſais, Meſſieurs, qu'il y avoit déja eu des précurſeurs de notre héros, & que Paris avoit eu des hommes célébres en fait de perruques & d'habits; mais il n'étoit réſervé qu'à lui ſeul d'humaniſer certains peuples & d'operer des miracles. Londres toute étonnée de ſe trouver élegante & civile, jure malgré ſa haine implacable contre la nation Françoiſe , que SCHELING puiſa dans Paris le grand art de la *dérosbififer :* Amſterdam avoue tout en fumant, qu'elle lui doit deux ou trois demi-petits maîtres qui se trouvent dans son sein. Lausanne confesse que la taille de ses habitans est bien plus humaine depuis que notre Tailleur ne dédaigna pas de les habiller. Petersbourg ose présentement citer ses Gala comme une magnificence qui fait époque. Vienne reconnoît dans ses vêtemens le génie d'un grand homme. Florence s'applaudit de ce qu'un simple ouvrier a ramené dans ses murs le goût des Medicis ; Rome trouve ses Abbés plus poupins depuis qu'ils ont entrevu quelques traces de son savoir. Luques enfin se croit égale aux plus brillans Empires , depuis qu'elle posséde presque un habit entier travaillé par SCHELING.

Qu'on écrive, & qu'on admire tant qu'on voudra la vie des *Bacon* & des *Montesquiou*, celui-ci dans une politique metaphysiquée, celui-là dans un développement des mœurs & des loix, ne donnerent que de la Philosophie souvent abstraite & des systêmes qu'on se contente d'admirer sans les reduire en pratique ; mais notre incomparable Tailleur répandit des graces réelles sur toute l'Europe, & monta l'Univers à l'unisson de Paris.

On comble d'éloges Pierre le Grand, cet immortel législateur, pour avoir fait racourcir des habits & raser des moustaches, & l'on a raison ; mais n'en louons pas moins un homme qui fit de tous les Européens, ce que Pierre avoit fait des Russes. On ne sauroit s'imaginer combien nous sommes devenus plus agréables & plus élégans depuis l'époque où l'on s'habille selon le rit de SCHELING. On n'apperçoit plus ces longues manches ouvertes qui paroissoient des housses, on ne trouve plus ces énormes paniers qui sembloient des aîles. Tout annonce le génie de l'ouvrier. Quel prodige ! tant il est vrai qu'il ne faut qu'une seule tête systématiquement organisée pour changer la face de l'univers.

Mais suivons à la trace les ouvrages de SCHELING, par-tout où ils pénétrent : je vois jusque dans Moscow , & presqu'en Sibérie , des ornemens de sa façon ,

& au de-là de Pultava , ce pays que Charles XII. lui-même ne put paſſer, des veſtiges de la ſcience de notre admirable Tailleur. Je vois Ruſſes, Polonois, Allemands, Suédois, Italiens, Suiſſes, Hollandois & Eſpagnols même accourir en foule à ſa maiſon, & demander dès la barriere de Paris, comme des Mylords demanderent autrefois *Malebranche*, où demeure SCHELING? où eſt-il? où le trouve-t-on ?

Mais raportons des faits qui mettent le dernier ſceau à ſon éloge, & qui doivent paſſer à la poſtérité. Je les emprunterai de l'hiſtoire même de la fameuſe Comteſſe Straubinambourg , femme hautaine , pleine de préjugés , & qui regardoit comme excommunié quicon-

que oſoit parler de mode , & ſe
vêtir autrement que les hommes
du ſiécle dernier ; dans le tems
même qu'elle déclame contre l'élégance Pariſienne,& qu'elle la quali-
fie d'extravagante & preſque d'im-
pie , un Prince étranger paſſe par
ſes terres , l'aborde & ſe préſente
ſi élégamment bien vêtu , que ſon
auſtérité chancelle , & qu'enfin ,
malgré tout ſon ferme propos à
ne vouloir pas même admirer une
épingle travaillée en France , elle
s'écrie , ô le charmant habit ! qui
en fut l'inventeur & l'exécuteur ?
A ces mots ſes fils qui n'étoient
gothiques comme elle , que par
complaiſance & par crainte, s'a-
bandonnent à des tranſports d'al-
légreſſe , & ſe croient ravis dans
le Ciel : on eût preſque crié mi-

racle lorfque la Comteffe toujours enchantée parcourt les plis de l'habit divin , & prend fur le champ la réfolution d'aller à Paris avec fa famille , faire amende honorable aux François ; voir SCHELING & le fupplier de devenir fon guide & fon oracle dans les emplettes qu'elle imagine , & dans la belle éducation qu'elle fe propofe de donner à fes fils. Déja elle eft partie , elle arrive , & elle embraffe le diftributeur des graces , l'inftituteur du bon goût , qui bientôt lui communiqua tant d'élégance & tant d'agrément , que chamarrée de toutes les gentilleffe , elle fut citée comme modèle dans la maniere de fe mettre & de fe préfenter.

Si j'ofois paffer les bornes d'un

diſcours, je citerois une multitude
d'exemples qui tous honorent également la mémoire du Tailleur :
combien de Seigneurs devenus
ſes Meſſionnaires & ſes Panégyriſ-
tes, lui ont par-tout acquis des
admirateurs & des pratiques : Ils
ſe faiſoient un devoir, & à titre
de reconnoiſſance & par envie
d'illuſtrer leur Patrie, de propo-
ſer à tout le monde un homme
ſi capable & ſi accrédité. Mille
fois nous avons vu interrompre
le diſcours le plus ſérieux, & ſuſ-
pendre toute affaire & toute ré-
flexion, pour s'entretenir d'un habit qui arrivoit de Paris ; celui qui
l'avoit endoſſé, devenoit tout-à-
coup un perſonnage important
que chacun contemploit, & que
tout le monde interrogeoit. C'eſt

par

par cette raison, Messieurs, que nous pouvons mettre au nombre des immenses obligations que nous avons à Scheling, celle de nous avoir fourni les moyens de converser. Nos assemblées n'ont pas d'autre objet que les modes & le jeu, & c'est un péché irrémissible & une pédanterie insoutenable d'y dire seulement un mot de politique ou de Philosophie.

Si nous pénétrons maintenant dans ces vastes palais où toute affaire est suspendue par respect pour un sommeil qui doit durer jusqu'à midi, nous ne trouvons plus ces Biblioteques fastidieuses, où l'on n'appercevoit que de tristes monumens d'érudition & de génie : mais nous découvrons de magnifiques gardes-robes, où l'on étale dans le même ordre que des *In-Folio* les trophées d'un Tailleur, qui, également habile à couper & coudre, auroit rendu le capuchon d'un Capucin même propre à coeffer un Roi.

Plût au Ciel que nous pussions jouir du plaisir de voir toutes les Nations rassemblées : ici les Russes tout éplorés nous diroient : voici les habits que cet homme incomparable nous faisoit : là les Anglois s'écrieroient, comment l'impitoyable Parque a-t-elle osé ouvrir ses horribles ciseaux à l'aspect de ceux qui taillerent tant de superbes étoffes ? mais si je vous disois, Messieurs, qu'on attendoit à Lyon les décisions de SCHELING pour fabriquer de nouveaux galons & de nouvelles étoffes ; que les Ma-

nufactures reſtoient dans l'inaction
juſqu'à ce qu'il eût prononcé ; que
ſon goût détermina toujours celui
des Négocians ; que vous ne por-
tez pas une fleur ſur vos habits,
qui n'ait été deſſinée par ſon avis,
& que de Berlin même, malgré
les horreurs de la guerre & la ri-
gueur des tems, on envoya toujours juſqu'à Paris, pour recueillir
ſon ſuffrage avant d'y travailler
les ſatins & les velours. Gênes,
oui, Gênes, toute ſuperbe qu'elle
eſt, n'a point rougi de ſoumettre
à l'examen de notre Coriphée la
tiſſure de ſes étoffes, & la qualité
ſes ſoies, & ce n'eſt que ſon goût
qui a imaginé ce magnifique cra-
moiſi qui décore aujourd'hui les
Doges dans leurs jours de pompe
& de cérémonie. La Pologne s'ha-

bille presque toute à la Françoise depuis que SCHELING y est connu. Descartes jouit-il jamais d'une aussi grande réputation ? Neuton fut-il autant consulté ?

C'est ainsi, Messieurs, qu'on parvient dans un siécle où les arts agréables sont par-tout en honneur, dans un siécle où l'on est grand homme, si-tôt qu'on a le talent de se connoître en équipages, en ameublemens, en habits, dans un siécle où une Chanteuse est un personnage divin, où le moindre concert l'emporte sur une délibération de l'Académie des sciences, où une opinion toute nouvelle appuyée sur deux bons mots, prévaut sur la croyance de tous les peuples & de tous les tems, où les révérences d'un petit maître & ses jolis propos intéressent davantage que toutes les décisions de l'Aréopage , où le bel esprit fait taire la raison , & ne laisse appercevoir de mérite que sous des habits artistement bien travaillés , dans un siécle enfin où les moindres puérilités des Auteurs à la mode , paroissent supérieures à tout le raisonnement des anciens & des modernes , & où la plupart des nations vont puiser leur science , leur esprit & leur conversation aux spectacles.

Périsse donc à jamais tout ce qui ne s'accorde pas avec l'élégance de SCHELING & tout ce qui s'en éloigne. C'est à lui seul que nous voulons ériger un Mausolée , & non à ces hommes qui ne parlent que de l'étude de la sagesse ; mais ccmment lui dreſſer un tombeau digne de ſon ſavoir, ſi tous les peuples ne viennent en foule le joncher de fleurs & l'arroſer de larmes. Venez donc vous tous qui habitez les bords de la Newa, de la Viſtule, de la Sprée, du Danube, du Rhin, de la Tamiſe, du Tybre & de l'Arno; venez rendre les derniers devoirs à un héros à qui vous devez tout. C'eſt lui qui vous civiliſa de manière à goûter les agrémens de la capitale de l'Univers, & à les exprimer; c'eſt lui qui fit autant de miniatures de vos perſonnes, & qui vous orna d'une drapperie que les peintres s'empreſſeront de copier, comme le vrai luſtre des portraits; c'eſt lui qui vous fournit les moyens de diſcourir dans

vos deferts, comme on difcourt
à Paris, & de favoir jufques chez
vous le ton du Palais Royal; c'eft
lui qui vous mit en état de juger
de tout, & de tout apprécier. Si
fon induftrie vous coûte des fom-
mes immenfes, & fi vous lui devez peut être encore une partie de
fon falaire, vous favez qu'on n'ac-
quiert pas fans depenfe une bril-
lante éducation. Supputez ici tout
ce que vos Parens ont facrifié pour
vous faire apprendre le latin & les
loix ; & que font du latin & des
loix mis en parallele avec de l'é-
légance & des graces !

Ah, du moins fi vous ne pou-
vez venir honorer des cendres qui
doivent vous être auffi précieu-
fes, confervez dans vos maifons
quelque habit de la façon de ce

grand homme , qui fervira de modèle à vos neveux : à cet afpeċt
ils apprendront qu'un nommé
SCHELING , dans le dix-huitieme
fiécle , aufſi recommandable par
les bonnes graces qu'il favoit dif-
tribuer , que par celles qui lui
étoient propres, exifta pour l'honneur de l'humanité , & que par l'ef-
fort de fon génie & la multiplicité des idées il fit germer fur des
étoffes les mêmes fleurs qu'on voit
briller dans nos parterres.

On dit que certaines Republi-
ques , pour ne point dégénérer de
la fimplicité de leurs Péres , ont
une poupée vêtue comme on étoit
anciennement, & qu'on repréfente
chaque année au peuple , pour
qu'il s'y conforme. Imitez un fi bel
exemple, & faites chacun dans vos

maisons une figure habillée à la SCHELING, que vos enfans copieront comme la fixation du bon gout, & le modéle de l'élégance. Vous ne devez plus à vos fils des exemples de vertu, ni des leçons de Philosophie; le siécle vous en a dispensé; mais vous leur devez des airs, des manieres, des tons.

Que nous reste-t-il maintenant à vous dire, Messieurs, si ce n'est que les talens les plus sublimes & les plus universels vont se perdre dans la nuit du tombeau, ainsi que la plus profonde ignorance. Ces réflexions ne peuvent sans doute naître plus à propos, qu'au milieu de cette lugubre cérémonie, où la terre rendue à la terre nous apprend que tout n'est que vanité; une voix puissante sort du cer-

eueil, & vient nous convaincre
que nos fards, notre parure, nos
odeurs n'ont qu'un tems bien li-
mité, & qu'après quelques jours
de plaifir & de triomphe, tout
difparoît pour aller s'enfévelir
dans le fein de la pouffiere. Que
d'habits, ouvrages des plus célébres Taileurs, dévorés par le tems
& par les vers ! Que de Tailleurs
eux-mêmes oubliés, enfévelis,
pour ne pas dire anéantis aux yeux
de cet Univers ! Ils ont paffé &
nous pafferons comme eux, malgré toutes nos Généalogies & tout
notre orgueil, qui ne nous permet
pas de croire l'effence d'un rotu-
rier égale à celle d'un Seigneur.

J'ai commencé par des paroles
& je finis par des pleurs. Comment SCHELING, ce mortel qui

ne devoit point l'être, qui a fait tant d'honneur au bon goût, à qui tous les peuples ont des obligations infinies, s'est fané comme un pavot taillé par le soc de la charrue, *purpureus veluti cum flos succisus aratro languescit moriens.* Ah du moins que cette oraison toute disproportionnée qu'elle est avec le mérite de notre héros, apprenne à tous ceux qui auront la patience de la lire, que l'élégance encore mieux que la valeur militaire, a ses héros, & que si SCHELING ne fut pas recommandable par sa naissance, il fut plus connu, & vécut avec plus d'éclat que bien des Seigneurs qui végetent & qui digerent. *Fama multis memoratus in oris.*

Vous savez, Messieurs, la consternation que répandit dans Paris la nouvelle de sa mort : chacun silentieux & morne par la douleur qui saisissoit tous les esprits, paroissoit immobile & ne laissoit appercevoir de sentiment que dans les yeux qui fondoient en larmes. Les boulevarts furent abandonnés, les marionnettes suspendirent les fonctions de leur ministere, & l'on ne vit au Palais Royal que des personnes éplorées, qui venoient tout en sanglottant chercher quelque adoucissement à leur chagrin. Il n'y a que la perspective du neveu de ce grand homme qui puisse nous consoler. Hereusement il vit, Messieurs, il se porte bien & travaille presqu'aussi élégamment que son digne Oncle, dont le nom porté sur les ailes de la renommée remplit toutes les Villes & toutes les Cours. *Fama multis memoratus in oris.*

www.ingramcontent.com/pod-product-compliance
Ingram Content Group UK Ltd.
Pitfield, Milton Keynes, MK11 3LW, UK
UKHW021131140726
13695UKWH00004B/1839